BEI GRIN MACHT SICH IHR WISSEN BEZAHLT

AF145169

- Wir veröffentlichen Ihre Hausarbeit, Bachelor- und Masterarbeit

- Ihr eigenes eBook und Buch - weltweit in allen wichtigen Shops

- Verdienen Sie an jedem Verkauf

Jetzt bei www.GRIN.com hochladen und kostenlos publizieren

Bibliografische Information der Deutschen Nationalbibliothek:

Die Deutsche Bibliothek verzeichnet diese Publikation in der Deutschen National-bibliografie; detaillierte bibliografische Daten sind im Internet über http://dnb.d-nb.de/ abrufbar.

Impressum:

Copyright © 2018 GRIN Verlag
Druck und Bindung: Books on Demand GmbH, Norderstedt Germany
ISBN: 9783668732544

Dieses Buch bei GRIN:

https://www.grin.com/document/429253

Marius Groehl

Trainingsplan für ein Beweglichkeits- und Koordinationstraining für einen Torwart

GRIN Verlag

GRIN - Your knowledge has value

Der GRIN Verlag publiziert seit 1998 wissenschaftliche Arbeiten von Studenten, Hochschullehrern und anderen Akademikern als eBook und gedrucktes Buch. Die Verlagswebsite www.grin.com ist die ideale Plattform zur Veröffentlichung von Hausarbeiten, Abschlussarbeiten, wissenschaftlichen Aufsätzen, Dissertationen und Fachbüchern.

Besuchen Sie uns im Internet:

http://www.grin.com/

http://www.facebook.com/grincom

http://www.twitter.com/grin_com

Deutsche Hochschule für
Prävention und Gesundheitsmanagement
Hermann Neuberger Sportschule 3
66123 Saarbrücken

Einsendeaufgabe

Fachmodul:	Trainingslehre 3
Studiengang:	Bachelor of Arts „Fitnessökonomie"
Datum Präsenzphase:	02.05.2018 – 04.05.2018
Name, Vorname:	Gröhl, Marius
Studienort:	**Stuttgart**
Semester:	**Sommersemester 2016**

Inhaltsverzeichnis

1 Personendaten

In einem Eingangsgespräch mit dem Probanden wurden alle wichtigen und relevanten Daten gesammelt. Diese werden für den Verlauf der Trainingsplanung benötigt und können in der nachstehenden Tabelle eingesehen werden.

Tabelle 1: Allgemeine Daten der Person

Alter:	23 Jahre
Geschlecht:	männlich
Körpergröße:	1,80 m
Körpergewicht:	82 kg
Trainingsmotive:	Absolviert ein 6-monatiges Auslandssemester, muss daher mit dem Fußball pausieren und möchte in dieser Zeit ein Beweglichkeits- und Koordinationstraining betreiben um seine Beweglichkeit und motorischen Fähigkeiten zu erhalten bzw. zu verbessern.
Berufliche Tätigkeit:	Student (Wirtschaftsingenieurwesen)
Aktuelle sportliche Aktivität:	Spielt seit 10 Jahren Fußball, aktuelle fußballerische Aktivität: 2x/Woche Fußballtraining (90 min/Training) + 1x/Woche Spiel (90min), Rechtsfüßler, Torwart
Frühere sportliche Aktivität:	bis vor 1 Jahr zusätzlich zum Fußball 1x/Woche Rudern im Verein (keine Wettkämpfe)
Zeitlicher Verfügungsrahmen:	3x/Woche für max. 45 min/Einheit
Allgemeiner Gesundheitszustand (orthopädische und internistische Probleme, ärztliche Behandlungen, Einnahme von Medikamenten)	Proband hat keine körperlichen Einschränkungen, befindet sich nicht in ärztlicher Behandlung und muss keine Medikamente regelmäßig einnehmen.
Leistungsstufe:	Fortgeschrittener

1.1 Belastbarkeit bzw. Trainierbarkeit der Person

Die Testperson weist keine körperlichen bzw. gesundheitlichen Einschränkungen auf, die bei der Erstellung des Trainingsplans eine Rücksichtnahme erfordern können. Er ist sportaffin, was man an seiner aktuellen fußballerischen Aktivität erschließen lassen kann. Dadurch besitzt er einen entsprechenden Leistungszustand, der es ermöglicht ein breites Spektrum an Übungen im Beweglichkeits- bzw. Koordinationstraining durchzuführen. Durch seine frühere Ruderaktivität kann man davon ausgehen, dass er einen ausgeprägten Sinn für Koordination besitzt, da Rudern koordinativ ansprechend ist.

2 Beweglichkeitstestung

2.1 Detaillierte Beschreibung der manuellen Beweglichkeitstestung mit Richt- bzw. Normwerten

Um die Beweglichkeit (Schönthaler & Ohlendorf, 2002) des Probanden beurteilen zu können und Rückschlüsse auf die Auswahl bzw. Erstellung des Dehnprogramms zu ziehen, wird eine Beweglichkeitstestung mit der Testperson durchgeführt. Es werden fünf Muskelgruppen (Brustmuskulatur, Hüftbeugemuskulatur, Kniestreckmuskulatur, Kniebeugemuskulatur und Wadenmuskulatur) in Anlehnung an die Muskelfunktionsüberprüfung nach (Janda, 2000) getestet. Aus der nachfolgenden Tabelle können die Ausführung sowie die Richtlinien bzw. Normwerte der Beweglichkeitstestung entnommen werden.

Tabelle 2: Detaillierte Beschreibung der manuellen Beweglichkeitstestung mit Richt- bzw. Normwerten nach (Janda, 2000)

Brustmuskulatur (M. pectoralis major)	
Ausführung	
Die Testperson legt sich in Rückenlage auf eine Behandlungsliege, dabei schließt das Schultergelenk am Rand der Behandlungsliege ab. So kann eine mögliche Bewegungseinschränke durch die Liege ausgeschlossen werden. Um das Becken zu fixieren, werden die Beine angewinkelt und die Füße auf der Behandlungsliege aufgestellt. Um eine Hyperlordose des Lendenbereichs zu vermeiden, wird der Proband aufgefordert die Bauchmuskulatur anzuspannen. Den dies führt ebenso wie das abheben des Beckens zu einer Verfälschung der Ergebnisse. Der Tester fixiert mit seiner Hand den Brustkorb, indem er einen leichten Zug in diagonaler Richtung, von der zu testenden Seite, ausübt. Der Arm wird im Schultergelenk auf der Testseite abduziert und nach außen rotiert, während das Ellenbogengelenk um 90° gebeugt wird. Als Messbereich, wird nun die Position des Oberarmes zur Horizontalen betrachtet.	
Stufe	**Auswertung**
0	Der Oberarm erreicht die Horizontale, durch leichten Druck des Testers kann dieser unter die Horizontale geführt werden. → keine Beweglichkeitsdefizite
1	Der Oberarm erreicht die Horizontale nicht, nur durch leichten Druck des Testers kann dieser auf die Horizontale geführt werden. → leichte Beweglichkeitsdefizite
2	Der Oberarm erreicht auch durch Druck des Testers die Horizontale nicht. → deutliche Beweglichkeitsdefizite
Hüftbeugemuskulatur (M. iliopsoas)	
Ausführung	
Der Proband liegt auf dem Rücken auf der Behandlungsliege, das Gesäß schließt mit dem Rand der Liege ab. Ein Bein wird von der Testperson, angewinkelt, maximal zum Körper herangezogen. Das andere (zu testende) Bein befindet sich im Überhang. Durch das heranziehen des Beines entsteht eine maximale Hüftflexion, wodurch das Becken und die LWS stabilisiert werden. Eine zusätzliche Fixierung der Lendenwirbelsäule kann durch das „herunterdrücken" der LWS in die Unterlage erreicht werden. Durch diese beiden Maßnahmen wird eine Hyperlordose und des abheben des Beckens verhindert, dadurch wird das Messergebnis nicht verfälscht. Der Tester betrachtet nun die Hüftflexion des Testbeins. Der Messbereich wird hier durch den Hüftbeugewinkel beschrieben, d.h. die Position des Oberschenkels im Verhältnis zur Körperlängsachse.	

Stufe	Auswertung
0	Der Oberschenkel erreicht die Horizontale, durch leichten Druck des Testers kann dieser unter die Horizontale geführt werden. → keine Beweglichkeitsdefizite
1	Der Oberschenkel erreicht die Horizontale nicht, nur durch leichten Druck des Testers kann dieser auf die Horizontale geführt werden. → leichte Beweglichkeitsdefizite
2	Der Oberschenkel erreicht auch durch Druck des Testers die Horizontale nicht. → deutliche Beweglichkeitsdefizite

Kniestreckmuskulatur (M. rectus femoris)

Ausführung

Der Proband liegt auf dem Rücken auf der Behandlungsliege, das Gesäß schließt mit dem Rand der Liege ab. Ein Bein wird von der Testperson, angewinkelt, maximal zum Körper herangezogen. Das andere (zu testende) Bein befindet sich im Überhang. Durch das heranziehen des Beines entsteht eine maximale Hüftflexion, wodurch das Becken und die LWS stabilisiert werden. Dadurch wird ein abheben des Beckens sowie eine Hyperlordose vermieden, sodass es zu keinen Verfälschungen am Testergebnis kommt. Das Testbein fixiert der Tester im maximal möglichen Hüftextensionswinkel und bringt das Bein in einen maximal möglichen Kniebeugewinkel. Als Messbereich wird der Winkel zwischen Ober- und Unterschenkel betrachtet (Kniebeugewinkel).

Stufe	Auswertung
0	Der Unterschenkel hängt senkrecht herab, durch leichten Druck des Testers ist es möglich die Beugung im Knie zu vergrößern. → keine Beweglichkeitsdefizite
1	Der Unterschenkel ist leicht nach vorne gestreckt, durch leichten Druck des Testers ist es möglich die Beugung im Knie zu vergrößern. → leichte Beweglichkeitsdefizite
2	Der Unterschenkel ist deutlich nach vorne gestreckt, auch durch Druck des Testers wird der Kniebeugewinkel von 90° nicht erreicht. → deutliche Beweglichkeitsdefizite

Kniebeugemuskulatur (Mm. ischiocrurales)

Ausführung

Die Testperson liegt in Rückenlage auf der Behandlungsliege. Das nicht getestete Bein wird im Knie- und Hüftgelenk gebeugt und der Fuß aufgestellt. Der Tester fixiert das Bein ohne Druck auf die Patella auszuüben. Danach führt er das „Testbein" nun in die max. mögliche Hüftflexion, während das Kniegelenk gestreckt bleibt. Um Manipulationen am Testergebnis zu verhindern, soll ein abheben des Beckens und eine Hyperlordose vermieden werden. Desweitern ist darauf zu achten, dass das Gegenbein die Ausgangsposition nicht verlässt und das „Testbein" im Kniegelenk gestreckt bleibt. Als Messbereich wird der Winkel zwischen Beinachse und Longitudinalachse betrachtet (Hüftbeugewinkel).

Stufe	Auswertung
0	Eine Flexion im Hüftgelenk ist im Ausmaß von 90° ist möglich. → Keine Beweglichkeitsdefizite
1	Eine Flexion im Hüftgelenk ist im Ausmaß zwischen 80-90° ist möglich. → leichte Beweglichkeitsdefizite
2	Es ist nur eine Flexion unter 80° im Kniegelenk möglich. → Deutliche Beweglichkeitsdefizite

Wadenmuskulatur (Mm. triceps surae)

Ausführung

Der Proband liegt mit dem Rücken auf der Behandlungsliege, während das „Testbein" gestreckt ist und die distale Hälfte des Unterschenkels über die Liege hinausragt, ist das Gegenbein im Hüft- und Kniegelenk gebeugt und der Fuß aufgestellt. Der Tester greift am „Testbein" mit einer Hand am distalen Fersenbein und mit der anderen Hand an der Fußaußenkante. Nun zieht Er die Ferse zu sich, während er mit dem Daumen der anderen Hand den Vorfuß achsengerecht in Richtung Schienbein drückt. Um den M. soleus differenziert vom M. gastrocnemius zu betrachten, wird nach der max. Dorsalextension das Kniegelenk angewinkelt und der Tester versucht die Bewegungsamplitude zu vergrößern. Es ist darauf zu achten, dass der Tester den Druck mit dem Daumen am äußeren Rand der Fußsohle ausübt, da es in der Mitte der Fußsohle zu einer reflektorischen Anspannung der Wadenmuskulatur kommen kann, wodurch das Ergebnis verfälscht würde.

Stufe	Auswertung
0	Die Dorsalextension ist min. bis zur 0°-Stellung gegeben (90° zwischen Fuß und Unterschenkel).→ keine Beweglichkeitsdefizite
1	Eine Dorsalextension ist möglich, die 0°-Stellung wird aber nicht erreicht. → leichte Beweglichkeitsdefizite
2	Eine Dorsalextension ist nur bis 10° unter der 0°-Stellung möglich. → deutliche Beweglichkeitsdefizite

2.2 Darstellung der Testergebnisse

Die folgende Tabelle zeigt die Testergebnisse der manuellen Beweglichkeitstestung für unseren Probanden. Die Testungen werden anhand der Ausführungen und Normwerten aus Aufgabe 2.1 (Tabelle 2) durchgeführt und bewertet.

Tabelle 3: Darstellung der Testergebnisse der manuellen Beweglichkeitstestung des Probanden

Muskel	Testergebnisse	
	Rechte Seite	Linke Seite
M. pectoralis major	Stufe 0	Stufe 0
M. iliopsoas	Stufe 1	Stufe 0
M. rectus femoris	Stufe 1	Stufe 1
Mm. ischiocrurales	Stufe 0	Stufe 0
Mm. triceps surae	Stufe 1	Stufe 1

2.3 Bewertung der Testergebnisse

Anhand der Testergebnisse aus Tabelle 3, erkennt man, dass es in der Oberen Extremität (Brustmuskulatur) keine Beweglichkeitsdefizite vorliegen. In den unteren Extremitäten (M. rectus femoris, Mm. triceps surae, M.iliopsoas (rechte Seite)) liegen leichte Defizite der Beweglichkeit vor. Dies ist vermutlich durch seine fußballerische Aktivität begünstigt. Das Ungleichgewicht innerhalb der Hüftbeugemuskulatur kommt mit hoher Wahrscheinlichkeit daher, dass der Proband „Rechtsfüßler" ist und somit beim Fußball vornehmlich mit dem rechten Fuß agiert. Bei der Planung des Beweglichkeitstrainings wird nun verstärkt das Augenmerk auf die unteren Extremitäten gelegt, jedoch werden die oberen Extremitäten nicht vernachlässigt um für eine ganzkörperliche Beweglichkeit zu sorgen.

3 Trainingsplanung Beweglichkeitstraining

3.1 Trainingsplanung für das Beweglichkeitstraining

In der kommenden Tabelle wird das Dehnprogramm sowie die jeweiligen Belastungsparameter für den Probanden aufgeführt. Das Dehnprogramm findet nach einem 5-minütigen Aufwärmprogramm auf dem Ruderergometer statt, da auch die oberen Extremitäten mitbeansprucht werden. Außerdem ist der Proband mit der Ruderbewegung vertraut (siehe Tabelle 1).

Tabelle 4: Trainingsplanung Beweglichkeitstraining

Belastungsgefüge		
Trainingshäufigkeit/Woche:	3x/Woche	
Sätze/Übung:	2 Sätze/Übung (beidseitig)	
Dehndauer:	Statisch (aktiv/passiv): 45 Sekunden/Seite Dynamisch (aktiv/passiv): 15 Wiederholungen/Seite Postisometrisch: 68 Sekunden/Seite (immer im Wechsel der einzelnen „Stufen") isometrische Kontraktion (10 Sekunden) → völlige Muskelentspannung (3 Sekunden) → Dehnposition mit deutlichem Dehnreiz (25 Sekunden statisch halten)	
Intensität:	Maximales Dehnen	
Dehnprogramm		
Dehnübung mit Zielmuskulatur	**Ausführung**	**Dehnform/Arbeitsweise**
1. Dehnung der Nackenmuskulatur im Stand **Zielmuskulatur:** - M. trapezius pars descendes	Ausgangsposition ist der aufrechte Stand; Kopf wird zur Seite geneigt (Blickrichtung bleibt vorne); gegenüberliegende Schulter wird aktiv nach unten gezogen; Position wird gehalten.	Statisch-aktiv
2. Dehnung der Brustmuskulatur im Stand am Türrahmen **Zielmuskulatur:** - M. pectoralis major - M. deltoideus pars clavicularis	Ausgangsposition ist der aufrechte Stand; ein Arm wird nun im Schultergelenk abduziert und im Ellenbogengelenk um 90° gebeugt; dieser Arm wird nun an den Türrahmen, sodass Ellenbogen und Unterarm am Türrahmen anliegen (Schultergelenk bleibt frei) angelegt; Ellenbogen wird nun „in" den Türrahmen gedrückt um eine Kontraktion der Brustmuskulatur hervorzurufen(10 sec.), danach erfolgt eine Muskelentspannung (3 sec.), nun schieben wir den Oberkörper nach vorne (Brustkorb bleibt aufrecht) um eine Dehnung der Brustmuskulatur zu erreichen(25sec.).	Postisometrisch-statisch
3. Seitliche Rumpfmuskulatur im Seitgrätschstand **Zielmuskulatur:** - M. latissimus dorsi - M. obliquus externus abdominis - M. obliquus internus abdominis	Ausgangsposition ist ein leichter Seitgrätschstand; Arme maximal über Kopf führen, verschränken und Brustkorb aufrecht halten; Beckenachse gerade halten und Oberkörper leicht zur Seite führen bis eine Dehnung auftritt; Dehnung verringern indem der Oberkörper wieder Richtung Mitte bewegt	Dynamisch-passiv

	wird und gleich darauf die Dehnposition wieder einnehmen.	
4. Dehnung der vorderseitigen Oberschenkelmuskulatur im Stand **Zielmuskulatur:** - M. quadriceps femoris	Ausgangsposition ist der Stand; ein Bein wird im Kniegelenk gebeugt und die gleichseitige Hand greift den Fuß oberhalb des Sprunggelenks; die Ferse wird nun max. Richtung Gesäß gezogen; Dehnposition wird eingenommen, wenn das Becken gekippt wird; Position halten und beide Oberschenkel bleiben während der Ausführung parallel zueinander	Statisch-passiv
5. Dehnung der Hüftbeugemuskulatur im Halbkniestand **Zielmuskulatur:** - M. iliopsoas - M. rectus femoris	Ausgangsposition ist der Halbkniestand (ein Fuß wird aufgestellt, sodass das Kniegelenk gebeugt und der Fuß vor dem Knie steht; das hintere Bein wird mit dem Unterschenkel auf dem Boden abgelegt); Oberkörper wird auf dem vorderen Bein abgestützt; Körperschwerpunkt nach vorne-unten verlagern und Oberkörper aufrecht halten; Position halten.	Statisch-passiv
6. Dehnung der Rückenstrecker im Vierfüßlerstand **Zielmuskulatur:** - Mm. erector spinae	Ausgangsposition ist der Vierfüßlerstand; um die Dehnposition einzunehmen wird die Bauchmuskulatur aktiv angespannt und die Wirbelsäule innerhalb ihres normalen Bewegungsspielraums Richtung Decke gewölbt; um die Bewegung dynamisch zu gestalten, wird die Bauchmuskulatur leicht gelöst und die Wirbelsäule nach unten gestreckt, ehe sie wieder angespannt und die Wirbelsäule Richtung Decke gebracht wird	Dynamisch-aktiv
7. Dehnung der Gesäßmuskulatur im liegen **Zielmuskulatur:** - M. glutaeus maximus - M. glutaeus medius - M. glutaeus minimus	Ausgangsposition ist die Rückenlage; ein Bein auf dem Boden aufstellen; das andere Bein in der Hüfte außenrotieren und mit dem Unterschenkel auf der Oberschenkelvorderseite des aufgestellten Beines auflegen; das „Stützbein" mit beiden Händen an der Oberschenkelrückseite greifen und zum Oberkörper ziehen um in die Dehnposition zu kommen; Position halten	Statisch-passiv
8. Dehnung der Oberschenkelrückseite in Rückenlage **Zielmuskulatur:** - M. biceps femoris - M. semimembranosus - M. semitendinosus	Ausgangsposition ist die Rückenlage; es wird ein Handtuch oder Seil benötigt; ein Bein wird auf dem Fuß aufgestellt um das Becken zu fixieren; der andere Fuß wird gestreckt max. in Richtung Decke gebracht; mit beiden Händen wird um die Kniekehle gegriffen und nun versucht mit dem Fuß Richtung Boden zu gelangen während dies mit den Händen verhindert wird (10 sec); nun wird die Spannung gelöst um zu Entspannen (3 sec); danach wird das Handtuch um die Fußsohle (mittig) gelegt und nach hinten in max. Dehnung gezogen (Fuß bleibt gestreckt!); Position für 25 sec. Halten; von vorne beginnen	Postisometrisch-statisch
9. Dehnung der Adduktoren in Sitzposition **Zielmuskulatur:** - M. adductor brevis	Ausgangsposition ist die Sitzposition; die Beine werden nach vorne gestreckt und die Hände hinter dem Gesäß positioniert um den Oberkörper zu stützen; die Dehnung entsteht, wenn die Beine	Statisch-passiv

- M. adductor longus - M. adductor magnus - M. gracilis - M. pectineus	soweit als möglich nach außen abgespreizt wer- den; um die Dehnung zu verstärken, kann der Oberkörper nach vorne geneigt werden (der Rü- cken bleibt dabei gerade)	
10. Dehnung der Wadenmusku- latur im Stand **Zielmuskulatur:** - M. gastrocnemius - M. soleus	Ausgangsposition ist der Stand; ein Bein wird nach hinten gestellt (auf kompletter Fußsohle aufge- stellt); vorderes Bein wird im Kniegelenk und der Oberkörper nach vorne gebeugt; Oberkörper bildet eine Linie mit dem hinteren Bein während die Füße beider Beine nach vorne zeigen; durch eine Beugung im Kniegelenk wird der Körperschwer- punkt nach vorne unten verlagert, die Dorsalexten- sion im hinteren Bein wird vergrößert; das vordere Bein wird im Wechsel gestreckt und gebeugt um die Bewegung dynamisch zu halten	Dynamisch-passiv

3.2 Begründung des Dehnprogramms sowie des Belastungsgefüges

Das Dehnprogramm besteht insgesamt aus zehn Dehnübungen, von denen sich die hälfte auf die unteren Extremitäten bezieht. Die Gründe dafür sind, dass der Proband keine Beweglichkeitsdefizite in den oberen Extremitäten, jedoch (sportartbedingt) Defizite im Unterkörper aufweist. Da der Proband Student ist und daher viel sitzt, wird außerdem die Nacken, Brust, Gesäß und Lendenwirbelbereich gedehnt um eventuellen Verspannungen vorzubeugen. Außerdem lehnt sich die Übungsauswahl an die allgemeinen Empfehlungen an, die besagen, dass Übungen für Schultergürtel, Brust, Nacken, Rumpf, unterer Rücken, Hüfte, vordere und hintere Oberschenkelmuskulatur und Unterschenkelmuskulatur durchgeführt werden sollen (Güllich & Krüger, 2013, S. 483). Die Übungsauswahl wurde so bestimmt, dass die Person ihre Dehnübungen im Stand beginnt, bis in Rückenlage „hinunterarbeitet" um am Ende die letzte Übung wieder im Stehen abzuschließen. Die Trainingshäufigkeit des Beweglichkeitstrainings wird auf drei Tag/Woche festgelegt. Dies passt in den Verfügungsrahmen der Person und min. 2-3 Trainingstage/Woche werden für das Beweglichkeitstraining im Gesundheit-, Freizeit- und Fitnesssport empfohlen (Güllich & Krüger, 2013, S. 483). Außerdem wird die Satzzahl/Übung pro Seite auf zwei festgelegt, da Empfehlungen von zwei bis vier Wiederholungen pro Übung vorliegen (Güllich & Krüger, 2013, S. 483). Als Intensität für die Dehnübungen, wurde die maximale Dehnung bestimmt. Diese Intensität führt zu deutlich höheren Effekten hinsichtlich des Bewegungsausmaßes, als bei submaximaler Intensität und einen gewissen Leistungszustand besitzt um dies auszuführen (Lindel, 2010, S. 32). Die statische Dehnform wird gewählt, da sich durch langsames einnehmen der Position der Dehnungsreflex vermeiden lässt und sich die Muskelspindel durch das halten der Position auf die neue Muskellänge einstellt (Gimbel, 2014, S. 127).

Bei der statischen Dehnung wird die Dehnposition für 45 Sekunden gehalten, da eine längere Dehndauer keinen Mehrwert bietet bzw. keinen bedeutsamen Mehrwert bietet (Freiwald, 2000, S. 29). Um die inter- und intramuskuläre Koordination zu verbessern, da jede Bewegung aktiv vom ZNS gesteuert werden muss, wird die dynamische Arbeitsweise angewandt. Desweiteren werden die lokalen Muskeln durch die dynamischen Bewegungen besser durchblutet (Gimbel, 2014, S. 127). Die Dehndauer, bzw. die Wiederholungszahl für die dynamische Dehnung wird auf 15 festgelegt, da sich die Bewegungsreichweite bei 15 Wiederholungen bedeutsam verändert (Marschall, 1999, S. 8).

Für die postisometrische Dehnung, die eine isometrische Spannung von zehn Sekunden, eine Entspannungsphase von 3 Sekunden und eine verstärkte Dehnung von 25 Sekunden vorsieht, wurde an die Empfehlungen von (Wottke, 2004, S. 155) angelehnt.

Als Arbeitsweise wurde sowohl die aktive als auch die passive Dehnung verwendet. Der Vorteil der aktiven Dehnung ist, dass die Dehnung einer Muskelgruppe durch die Kontraktion der Antagonisten entsteht und diese dadurch kräftigt (Weineck, 2010, S. 749). Durch die passive Dehnung kommt es über verschiedenste Mechanismen zu einer erhöhten Gelenksbeweglichkeit (Weineck, 2010, S. 750).

4 Trainingsplanung Koordinationstraining

4.1 Trainingsplanung für das Koordinationstraining

Die nachstehende Tabelle zeigt das Koordinationstraining sowie die Belastungsparameter. Das Koordinationstraining findet nach einem 5-minütigen Warm-Up auf dem Ruderergometer statt. Alle Übungen werden Barfuß ausgeführt.

Tabelle 5: Trainingsplanung Koordinationstraining

Allgemeines Belastungsgefüge		
Trainingshäufigkeit/ Woche:	3x/Woche	
Belastungsdauer:	ca. 15-20 Minuten	
Koordinationsprogramm		
Übung	**Ausführung**	**Übungsspezifisches Belastungsgefüge**
1. Einbeinstand rechts+ links	Ausgangsposition ist der Stand; ein Bein wird im Kniegelenk gebeugt und die Ferse Richtung Gesäß gezogen, diese Position gehalten; danach Fußwechsel	**Satzzahl:** 2 **Belastungszeit/Satz:** 20 Sekunden (Bein) **Pausenzeit:**30 Sekunden
2. Einbeinstand rechts+ links mit ballwerfen.	Ausgangsposition ist der Stand (vor einer Wand mit 1 Meter Abstand); ein Bein wird im Kniegelenk gebeugt und die Ferse Richtung Gesäß gezogen, diese Position gehalten; nun bekommt er einen Ball zugeworfen und muss diesen per Brustpass zurück passen	**Satzzahl:** 2 **Belastungszeit/Satz:** 20 Sekunden/Bein **Pausenzeit:** 30 Sekunden
3. Einbeinsprung seitlich (abwechselnd)	Ausgangsposition ist der Stand; ein Bein wird im Kniegelenk gebeugt und die Ferse Richtung Gesäß gezogen, diese Position halten; mit dem Standbein wird nun ein leichte Beugung im Kniegelenk eingenommen; nun wird das Standbein gestreckt und sich vom Boden angedrückt (seitlich); während der Flugphase wird nun das Standbein gebeugt und auf dem anderen Bein gelandet ohne das gebeugte Bein aufzusetzen; dies geschieht nun immer im Wechsel (so schnell als möglich)	**Satzzahl:** 2 **Belastungszeit/Satz:** 15 Wiederholungen/Bein (ca. 20 Sekunden) **Pausenzeit:** 60 Sekunden
4. Einbeinsprung seitlich (abwechselnd) mit ballwerfen	Ausgangsposition ist der Stand; ein Bein wird im Kniegelenk gebeugt und die Ferse Richtung Gesäß gezogen, diese Position halten; mit dem Standbein wird nun ein leichte Beugung im Kniegelenk eingenommen; nun wird das Standbein gestreckt und sich vom Boden angedrückt (seitlich); während der Flugphase wird nun das Standbein gebeugt und auf dem anderen Bein gelandet ohne das gebeugte Bein	**Satzzahl:** 2 **Belastungszeit/Satz:** 10 Wiederholungen/Bein (ca. 20 Sekunden) **Pausenzeit:** 60 Sekunden

		aufzusetzen; nach der Landung bekommt er einen Ball zugeworfen und muss diesen per Brustpass zurück passen; dies geschieht nun immer im Wechsel (so schnell als möglich)	
5.	Stand auf dem Bosu	Ausgangsposition ist der Stand; der Bosu wird mit der flachen Seite nach unten auf den Boden gelegt und der Proband steigt mit beiden Füßen (Spreizstand) auf den Bosu und hält das Gleichgewicht;	**Satzzahl**: 2 **Belastungszeit/Satz:** 30 Sekunden **Pausenzeit**: 30 Sekunden
6.	Stand auf dem Bosu mit Achterkreisen	Ausgangsposition ist der Stand; der Bosu wird mit der flachen Seite nach unten auf den Boden gelegt und der Proband steigt mit beiden Füßen (Spreizstand) auf den Bosu; nun nimmt er den Fußball in die Hand und beugt sich mit dem Oberkörper nach vorne und beginnt den Fußball im „Achter" durch seine Beine zu kreisen.	**Satzzahl**: 2 **Belastungszeit/Satz:** 5 Achterkreise rechts + links (ca. 30 Sekunden) **Pausenzeit**: 60 Sekunden
7.	Einbeinstand rechts + links auf dem Bosu	Ausgangsposition ist der Stand; der Bosu wird mit der flachen Seite nach unten auf den Boden gelegt und der Proband steigt mit beiden Füßen (Spreizstand) auf den Bosu; ein Bein wird nun im Kniegelenk gebeugt und die Position versucht zu halten;	**Satzzahl**: 2 **Belastungszeit/Satz:** 20 Sekunden/Bein **Pausenzeit**: 30 Sekunden
8.	Einbeinstand auf dem Bosu rechts + links mit Ballwerfen	Ausgangsposition ist der Stand; der Bosu wird mit der flachen Seite nach unten auf den Boden gelegt und der Proband steigt mit beiden Füßen (Spreizstand) auf den Bosu; ein Bein wird nun im Kniegelenk gebeugt und die Position versucht zu halten; mit einem Fußball wird nun ein Brustpass mit beiden Händen so oft als möglich an die Wand geworfen	**Satzzahl**: 2 **Belastungszeit/Satz:** 20 Sekunden/Bein **Pausenzeit**: 60 Sekunden
9.	Einbeinsprung von Bosu zu Bosu	Ausgangsposition ist der Stand; der Bosu wird mit der flachen Seite nach unten auf den Boden gelegt und der Proband steigt mit beiden Füßen (Spreizstand) auf den Bosu; ein Bein wird im Kniegelenk gebeugt und die Ferse Richtung Gesäß gezogen, diese Position halten; mit dem Standbein wird nun ein leichte Beugung im Kniegelenk eingenommen; nun wird das Standbein gestreckt und sich vom Bosu abgedrückt (seitlich); während der Flugphase wird nun das Standbein gebeugt und auf dem anderen Bein gelandet ohne das gebeugte Bein aufzusetzen; dies geschieht nun immer im Wechsel (so schnell als möglich)	**Satzzahl**: 2 **Belastungszeit/Satz:** 10 Wiederholungen/Bein (ca. 30 Sekunden) **Pausenzeit**: 60 Sekunden
10.	Einbeinsprung von Bosu zu Bosu mit Wurf (auf Zeit)	Ausgangsposition ist der Stand; der Bosu wird mit der flachen Seite nach unten auf den Boden gelegt und der Proband steigt mit beiden Füßen (Spreizstand) auf den Bosu; ein Bein wird im Kniegelenk gebeugt und die Ferse Richtung Gesäß gezogen, diese Position halten; mit dem Standbein wird nun ein leichte Beugung im Kniegelenk eingenommen; nun wird das Standbein gestreckt und sich vom Boden angedrückt (seitlich); während der Flugphase wird nun das Standbein gebeugt und auf dem anderen Bein gelandet ohne das gebeugte Bein aufzusetzen; direkt nach	**Satzzahl**: 2 **Belastungszeit/Satz:** 40 Sekunden (so viele Wechselsprünge + ballwerfen wie möglich) **Pausenzeit**: 60 Sekunden

| | der Landung bekommt er einen Ball zugeworfen und muss diesen per Brustpass zurück passen dies geschieht nun immer im Wechsel (so schnell als möglich). | |

4.2 Begründung des Koordinationsprogramms

Das Koordinationsprogramm besteht aus zehn verschiedenen Übungen. Die Übungen konzentrieren sich hauptsächlich darauf, die Stabilität im Sprung- und Kniegelenk sowie die Hand-Fuß Koordination zu verbessern. Diese Faktoren sind essentiell für sein Hobby (Fußball) sowie seine Position (Torwart). Die koordinativen Übungen werden zu Beginn (im Anschluss an das aufwärmen) ausgeführt, da die Aufmerksamkeit als auch die energetische Situation zu Beginn des Trainings am höchsten ist (Häfelinger & Schuba, 2004, S. 59). Alle Übungen werden Barfuß ausgeführt, da dies die Aufnahme der Reize, die Weiterleitung von Informationen sowie für die Auslösung von reflektorischen Muskelreaktionen, im Bereich der Fußreflexoren begünstigt (Häfelinger & Schuba, 2004, S. 59). Bei der Trainingshäufigkeit wurde eine Anzahl von drei Trainingseinheiten pro Woche festgelegt. Dies führt bei dem Trainingsniveau des Probanden (Fortgeschrittener) zu einem Trainingswirksamen Reiz (Niemir & Seidel, 2011, S. 86). Pro Übung wurde jeweils eine Satzzahl von zwei (jedes Bein einzeln) vorgegeben, da eine nachhaltige Verbesserung der koordinativen Fähigkeiten nur durch mehrfaches wiederholen stattfindet (Güllich & Krüger, 2013, S. 486). Bei statische Übungen wurde eine Haltdauer von 30- bzw. 40 Sekunden (siehe Tab. 5) und bei dynamischen eine Wiederholungszahl von 5. Bzw. 10 Wiederholungen (siehe Tab. 5) festgelegt, was sich an den methodischen Aspekten von (Chwilkowski, 2006, S. 60-62) anlehnt. Die Pausenzeiten werden zwischen 30- bzw. 60 Sekunden gehalten hier wird sich an die Richtwerte von Häfelinger und Schuba angelehnt, wo eine Pausenzeit zwischen zehn Sekunden und zwei Minuten betragen kann (Häfelinger & Schuba, 2004, S. 69). Es ist darauf zu achten, die Ruhepausen einzuhalten, da sonst die Konzentration nachlassen kann und dadurch die korrekte Übungsausführung nichtmehr gewährleistet werden kann und somit zum Abbruch der Trainingseinheit führt (Häfelinger & Schuba, 2004, S. 59). Bei der Übungsauswahl wurde darauf geachtet, dass mit leichten Übungen begonnen wird und sich im Laufe des Trainings erschwert. Dies wurde beachtet, indem erst alle Übungen statisch ausgeführt und sich dann immer mehr zur dynamischen Ausführung hinziehen (Chwilkowski, 2006, S. 56-58). Desweiteren werden alle Übungen zuerst auf festem Untergrund ausgeführt ehe sie auf dem Bosu ausgeführt werden (Chwilkowski, 2006, S. 56-58). Auch wurde eine Progression möglich gemacht, indem zuerst einfache und mit der Zeit immer schwerere Anforderungen

(Sprung mit Stabilisation, Zielwurf- durch Rückpass des Balls) an die Person gestellt wird (Chwilkowski, 2006, S. 56-58).

5 Literaturrecherche

In der nachfolgenden Tabelle wurde eine Literaturrecherche zum Thema „Effekte des Dehnens auf die Bewegungsreichweite bzw. auf die Dehnspannung" durchgeführt. Beide Studien führten die Untersuchungen jeweils an der ischiocruralen Muskulatur der Probanden durch.

Studie 1	Studie 2
Titel der Studie	
„Bewegungsreichweite, Zugkraft und Muskelaktivität bei eigen- bzw. fremdregulierter Dehnung"	„Wie beeinflussen unterschiedliche Dehnintensitäten kurzfristig die Veränderung der Bewegungsreichweite?"
Wer hat die Studie durchgeführt und wann wurde sie publiziert?	
(Glück, Schwarz, Hoffmann, & Wydra, 2002)	(Marschall, 1999)
Mit welchen Versuchspersonen wurde die Studie durchgeführt?	
- 27 Sportstudenten (davon 11 Frauen und 16 Männer), Durchschnittsalter 25 ± 2 Jahre, durchschnittliche Größe 176 ± 8 cm, Durchschnittsgewicht 68 ± 10 kg (Glück, Schwarz, Hoffmann, & Wydra, 2002, S. 68). - Ausschlusskriterien waren Studenten die Sportarten mit überdurchschnittlich hohen Bewegungsanteilen betrieben z.B. Turnen, Rhythmische Sportgymnastik oder Akrobatik (Glück, Schwarz, Hoffmann, & Wydra, 2002, S. 68).	- 21 Versuchspersonen (davon 12 Männer und 9 Frauen), Durchschnittsalter 24,8 ± 3,4 Jahre, durchschnittliche Größe 172,9 ± 8,5 cm, Durchschnittsgewicht 66,6 ± 11,0 kg (Marschall, 1999, S. 7). - Es wurden die rechten und linken Beinhälften differenziert betrachtet, sodass 42 Fälle ausgewertet werden konnten (Marschall, 1999, S. 7).
Wie sah der Versuchsaufbau der Studien aus?	
- Die 27 Probanden wurden per Zufall in 3 unterschiedliche Gruppen aufgeteilt. Um die Dehnfähigkeit der ischiocruralen Muskulatur festzustellen, führten sie drei unterschiedliche Tests in randomisierter Reihenfolge durch (Glück, Schwarz, Hoffmann, & Wydra, 2002, S. 68). - In einer Woche wurden drei Termine zur Eingewöhnung absolviert, in denen sich die Probanden mit der Apparatur und den drei Dehnungsformen (direkte und indirekte Eigendehnung, indirekte Fremddehnung) und Dehnung an der max. Schmerzgrenze) vertraut machten (Glück, Schwarz, Hoffmann, & Wydra, 2002, S. 68). - Insgesamt betrug der Testzeitraum fünf Wochen und am Tag vor den Tests sollten keine intensiven Belastungen und im kompletten Testzeitraum kein zusätzliches Beweglichkeitstraining durchgeführt	- Die Probanden wurden nach einem Eingewöhnungstest (D_{max} Ermittlung) zufällig in die treatment-Gruppen „weiches Dehnen" und „maximales Dehnen zugelost (Marschall, 1999, S. 7). - Nach einem Warm-up (Fahrradergometer 1,5 Watt/Kg Körpergewicht), wurde bei einem Vortest über eine standardisierte Kniegelenkbeugung die D_{max} erfasst (Marschall, 1999, S. 7). - Das treatment-Verfahren bestand aus jeweils 15 Wiederholungen die aus der 0°-Position des Hüftgelenks bis zur jeweiligen treatment-Grenze, die von den Testpersonen bestimmt wurden. Die Wiederholungen wurden jeweils ohne Pause durchgeführt (Marschall, 1999, S. 7). - Am Ende des Untersuchungstermins bzw. nach der treatment-Prozedur wurde eine nochmalige Erfassung der D_{max} durchgeführt.

werden (Glück, Schwarz, Hoffmann, & Wydra, 2002, S. 68).

- Die Kontrollvariablen Motivation und subjektive Befindlichkeit, wurden mithilfe eines Fragebogens erfasst (Marschall, 1999, S. 7).

- Die Datenerhebung erfolgte bei konstanter Raumtemperatur ($22,0\pm1,1°$) und einer Luftfeuchtigkeit ($54,7\pm8,0\%$) (Marschall, 1999, S. 7).

- Im ersten Test wurde eine direkte Eigendehnung durch selbstständiges Dehnen über einen Seilzug ausgeführt, während der zweite Test aus einer indirekten Eigendehnung (selbstständiges bedienen eines Elektromotors bestand. Der letzte Test war eine indirekte Fremddehnung (Tester bedient den Elektromotor), jedoch konnten die Probanden durch Zuruf die Dehnintensität steuern (Glück, Schwarz, Hoffmann, & Wydra, 2002, S. 68).

- Die Messungen erfolgten auf einem Messtisch, der von Ott und Schönthaler entwickelt wurde (Marschall, 1999, S. 7).

- Vor jeder Testung gab es ein fünf minütiges Aufwärmprogramm auf dem Fahrradergometer (1,5 Watt•kg^{-1} Körpergewicht), danach wurde das Testbein 15 mal hintereinander in die max. Dehnposition und direkt wieder in Ausgangsposition gebracht (Glück, Schwarz, Hoffmann, & Wydra, 2002, S. 68).

- Nach absolvieren der drei Dehnmethoden wurden die Testpersonen nach der für Sie angenehmsten Dehnmethode befragt (Glück, Schwarz, Hoffmann, & Wydra, 2002, S. 69).

Ergebnisse

- Es wurden hochsignifikante Unterschiede zwischen direkter und indirekter Eigendehnung, sowie auch zwischen direkter Eigendehnung und indirekter Fremddehnung festgestellt. Im Mittel lag die Bewegungsreichweite$_{max}$ bei der direkten Eigendehnung bei $110,7\pm12,5°$, der indirekten Eigendehnung $105,7 \pm 12,2°$ und bei der indirekten Fremddehnung bei $105,4 \pm12,2°$. Somit liegt die BR$_{max\ der}$ direkten Eigendehnung um 5% als bei der indirekten Eigen- und Fremddehnung (Janda, 2000, S. 69).

- Zwischen den beiden indirekten Verfahren konnten keine signifikanten Unterschiede festgestellt werden (Janda, 2000, S. 69).

- Beide Intensitätsstufen („weiches Dehnen" und „maximales Dehnen") führen kurzfristig zu einer deutlichen Verbesserung der max. Bewegungsreichweite. Die Differenz zwischen Vor- und Retest beträgt bei der maximalen Intensität $7,24\pm4,19°$, bei der submaximalen Intensität $3,29\pm4,53°$ (Marschall, 1999, S. 7).

- Die max. Bewegungsreichweite verschiebt sich innerhalb der 15 Wiederholungen während der Trainingsserie signifikant. Zwischen der 1 und 15 Wiederholung beträgt die Differenz $6,24°$ und hat somit fast den Differenzwert wie zwischen Vor- und Nachtest (Marschall, 1999, S. 7).

- Die Kontrollvariablen Motivation und subjektive Befindlichkeit (Tagesform) zeigen keinen Bezug auf die Trainingseffekte (Marschall, 1999, S. 7).

Schlussfolgerungen

- Laut der Studie, ist es mögliche die max. Bewegungsreichweite durch dehnen zu erhöhen.

- Als beste Dehnmethode hat sich die direkte Eigendehnung herausgestellt.

- Die Studie zeigt auf, dass beide Intensitätsstufen („weiches Dehnen" und „maximales Dehnen") sich eignen um eine kurzfristige Verbesserung der Bewegungsreichweite zu erlangen. Wobei bei der maximalen Dehnung im Vergleich zur „weichen Dehnung" eine noch „größere" Entwicklung der max. Bewegungsreichweite herausstellte.

- Die Motivation und Tagesform haben keinen Einfluss auf die max. Bewegungsreichweite.

6   Literaturverzeichnis

Chwilkowski, C. (2006). *Medizinisches Koordinationstraining - Verbesserung der Haltungs- und Bewegungskoordination durch Propriozeption* (2.Aufl.). Köln: Deutscher Trainer Verlag.

Freiwald, J. (2000). Dehnen im Sport und in der Therapie. *Die Säule, 4*(1), S. 28-33.

Gimbel, B. (2014). *Körpermanagement.* Heidelberg: Springer.

Glück, S., Schwarz, M., Hoffmann, U., & Wydra, G. (2002). Bewegungsreichweite, Zugkraft und Muskelaktivität bei eigen- bzw. fremdregulierter Dehnung. *Deutsche Zeitschrift für Sportmedizin, 53*(3), S. 66-71.

Güllich, A., & Krüger, M. (2013). *Sport - Das Lehrbuch für das Sportstudium.* Heidelberg: Springer.

Häfelinger, U., & Schuba, V. (2004). *Koordinationstherapie - Propriozeptives Training* (2.Aufl.). Aachen: Meyer & Meyer.

Janda, V. (2000). *Manuelle Muskelfunktionsdiagnostik* (4. Aufl.). München: Urban und Fischer.

Lindel, K. (2010). *Muskeldehnung* (2. Aufl.). Heidelberg: Springer.

Marschall, F. (1999). Wie beeinflussen unterschiedliche Dehnintensitäten kurzfristig die Veränderung der Bewegungsreichweite? *Deutsche Zeitschrift für Sportmedizin, 50*(1), S. 5-9.

Niemir, K., & Seidel, W. (2011). *Funktionelle Schmerztherapie des Bewegungssystems.* Berlin-Heidelberg: Springer.

Schönthaler, S. R., & Ohlendorf, K. (2002). *Biomechanische und neurophysiologische Veränderungen nach ein- und mehrfach seriellem passiv-statischem Beweglichkeitstraining.* Köln: Sport und Buch Strauss.

Weineck, J. (2010). *Optimales Training. Leistungsphysiologische Trainingslehre unter besonderer Berücksichtigung des Kinder- und Jugendtrainings.* (16. durchgesehene Ausg.). Balingen: Spitta Verlag GmbH & Co. KG.

Wottke, D. (2004). *Die große orthopädische Rückenschule.* Heidelberg: Springer.

7 Abbildungs- und Tabellenverzeichnis

7.1 Tabellenverzeichnis